Helmut Lecheler
Unrecht in Gesetzesform?
Gedanken zur „Radbruch'schen Formel"

Schriftenreihe
der
Juristischen Gesellschaft zu Berlin

Heft 138

W
DE
G

1994
Walter de Gruyter · Berlin · New York

Unrecht in Gesetzesform? Gedanken zur „Radbruch'schen Formel"

Von
Helmut Lecheler

Vortrag
gehalten vor der
Juristischen Gesellschaft zu Berlin
am 1. Dezember 1993

1994
Walter de Gruyter · Berlin · New York

Dr. iur. *Helmut Lecheler,*
Universitätsprofessor für Öffentliches Recht
an der Freien Universität Berlin

⊗ Gedruckt auf säurefreiem Papier,
das die US-ANSI-Norm über Haltbarkeit erfüllt.

Die Deutsche Bibliothek – CIP-Einheitsaufnahme

Lecheler, Helmut:
Unrecht in Gesetzesform? : Gedanken zur „Radbruchschen
Formel" ; Vortrag, gehalten vor der Juristischen Gesellschaft zu
Berlin am 1. Dezember 1993 / von Helmut Lecheler. – Berlin ;
New York : de Gruyter, 1994
  (Schriftenreihe der Juristischen Gesellschaft zu Berlin ; H. 138)
  ISBN 3-11-014560-X
NE: Juristische Gesellschaft <Berlin>: Schriftenreihe der Juristischen
...

Das Gesetz als „unrichtiges Recht"?

Die Formulierung des Themas ist einem Satz entnommen, der als „Radbruchsche Formel" berühmt geworden ist und der im Mittelpunkt unserer Überlegungen stehen wird. Radbruch hat diese in sich möglicherweise unlogische Formulierung nicht erfunden, sondern in Anlehnung an Rudolf Stammler und an seine „Lehre von dem richtigen Rechte"[1] verwendet.

Die Frage, was „Recht" sei, gehört zu den zentralen Fragen im menschlichen Leben. Zugleich aber beginnt mit dieser Frage die Unsicherheit, denn in Wissenschaft und Gerichtspraxis, aber auch im Sprachgebrauch des Alltags werden mit diesem Wort sehr unterschiedliche Vorstellungen und Assoziationen verbunden[2]. Aber ist hier nicht das Gesetz ein ruhender Pol? Was Recht ist, Recht sein soll – kann man es dort nicht nachschlagen, schwarz auf weiß nachlesen?

Die Frage „Gesetz als unrichtiges Recht?" will diese Sicherheit, die die lex scripta scheinbar gibt, nehmen. Sie deutet an, was historische Erfahrung geworden ist und was uns *theoretisch* auch heute noch vertraut sein sollte, daß Gesetz und Recht auseinanderfallen können, daß ein Gesetz „unrichtiges Recht" sein kann: Unrecht in Gesetzesform.

Historisch brauchen wir gar nicht weit zurückgreifen. Wir haben das lernen müssen im Nationalsozialismus wie auch im System der DDR. Daher auch sind wir es gewöhnt, *rückblickend* die Frage zu stellen: Wie konnte es geschehen, daß Gesetz und Recht auseinanderfielen?[3].

So wird ein unvoreingenommener Leser das Thema zunächst wohl auch verstehen, denn der Blick zurück ist unverzichtbar. Die Bewältigung der Vergangenheit ist Aufgabe eines jeden Juristen, der an der Gestaltung der Zukunft mitarbeiten will[4].

In einem ersten Teil (I) will ich diese Erwartung auch aufgreifen.

---

[1] Erste Auflage 1902, 2. Auflage 1926; aus neuester Zeit vgl. etwa A. Kaufmann, Richtiges Recht – eine Skizze. In: Universitas 45. Jg. (1990), S. 150 ff.

[2] B. Rüthers, Die unbegrenzte Auslegung – zum Wandel der Privatrechtsordnung im Nationalsozialismus, 3. Aufl. Heildelberg 1988, S. 96.

[3] Rückwärts gewendet bleibt letztlich auch die Darstellung von Chr. Starck/ W. Berg/B. Pieroth, Der Rechtsstaat und die Aufarbeitung vor-rechtsstaatlicher Vergangenheit, VVDStRL 51 (Jahrestagung 1991) S. 9, 46 und 91 ff.

[4] Vgl. K. Redeker, Bewältigung der Vergangenheit als Aufgabe der Justiz, NJW 1964, S. 1097–1100; dabei sind die Möglichkeiten der Justiz nur begrenzt: so zutreffend J. Limbach, Vergangenheitsbewältigung durch die Justiz, DtZ 1993, S. 66; U. Battis/ G. Jakobs/E. Jesse, Vergangenheitsbewältigung durch Recht – drei Abhandlungen zu einem deutschen Problem, Hrsg. von J. Isensee 1990.

Der Rückblick allein genügt aber nicht.

Wichtiger ist mir im zweiten Teil (II) die Überlegung, daß die Gefahr der „Entartung" des Rechts oder seines Mißbrauchs nicht mit jeweils überwundenen Unrechtssystemen überstanden ist. Für die Lebensfähigkeit des Rechtsstaats ist es von ganz entscheidender Bedeutung, daß man sich diese Gefahr nicht nur in verfassungsrechtlichen Ausnahmelagen bewußt macht, sondern daß sie der Gesetzgebung, ja jeder Form der Rechtssetzung von vornherein immanent ist. Die Lehren die wir aus der Vergangenheit zu ziehen vermögen, erweisen sich aber nur dann als fruchtbar, wenn sie uns vor vergleichbaren Fehlern bewahren, nicht weil wir ihrer nicht fähig wären, sondern weil wir die Gefahr erkannt haben und weil wir über Mittel verfügen, sie wirksam zu bekämpfen.

Darum vor allem geht es mir.

Oder möchte jemand angesichts der Greueltaten, die wir nicht nur tagtäglich, sondern auch über eine unerträglich lange Zeit aus „Rest-Jugoslawien" hören, die wir dort bisher tatenlos geschehen lassen, möchte da jemand wirklich behaupten, der Mensch sei heute besser geworden?

I. Die Frage nach dem „richtigen Recht" in historischer Perspektive

1. Das Verhältnis zwischen Gesetz und Recht war nur selten in der Geschichte unproblematisch. Sehr fern schon liegt uns die Vorstellung Platos, daß Gesetze „in Nachahmung der Wahrheit" ergehen, was natürlich voraussetzt, daß nur ein zu richtiger Erkenntnis gelangter Mensch Gesetze geben kann. Schon für Aristoteles, erst recht später für die eher praktisch denkenden Römer war es selbstverständlich, daß jus und lex keine identischen Begriffe sind. Sie wurden andererseits auch nicht klar voneinander geschieden; zwar findet man beide Begriffe nebeneinander, nicht aber in qualitativer Abstufung[5]. Zugleich war den Römern bewußt, daß die Existenz guter Gesetze keineswegs gleichbedeutend war mit ihrer praktischen Verwirklichung.

Erst für die mittelalterlichen „Naturrechtslehren" werden (ebenso wie vielleicht wieder für die Fundamentalisten verschiedenster Art in unseren Tagen) Recht und Sittlichkeit/Moral/Ethos eins[6]. Hugo Grotius hat das

---

[5] K. Zeidler, Maßnahmegesetz und „klassisches" Gesetz, Karlsruhe 1961, S. 85 f. m. w. N.; W. Sellert (Hg.), Das Gesetz in Spätantike und frühem Mittelalter, Göttingen, 1992.

[6] A. Kaufmann, Rechtsphilosophie zum Mitdenken, Jura 1993, S. 73/78

Naturrecht dann von der Theologie gelöst[7]. Aber erst Thomasius fand den Mut zum Einspruch gegen die Scheiterhaufen und gegen die „Gottesurteile" der Folter, um hier einen radikalen Bruch herbeizuführen: In seiner Schrift „De crimine bigamiae" lehrte er 1685, die Polygamie sei durch das positive, nicht durch das Naturrecht verboten.

Dadurch wurde das natürliche Recht *nicht nur* von der Theologie getrennt, sondern auch von der Moral; es entwickelte sich dann zu einer Ordnung der nur *äußeren* Beziehung der Individuen untereinander. Moral dagegen war das Synonym für einen *inneren* Bereich, der äußerlich unerzwingbar, damit aber auch unverbietbar war – etwa das „Recht" zur Befolgung der Gewissenspflicht[8]. Diese Trennung von Recht und Moral wirft Probleme auf, die wir bis heute nicht befriedigend gelöst haben[9].

Für den Positivismus, insbesondere für die „reine Rechtslehre" oder für die „analytische Rechtstheorie" (H.L.A. Hart) sind beide streng voneinander getrennt. Diese Trennung soll garantieren, daß die Moral ihre kritische Funktion gegenüber dem Recht nicht einbüßt; andererseits kommt das Recht ohne Moral nicht aus: Es verweist selbst immer wieder auf „die guten Sitten" und in seinem Kern ist es auf den sittlichen Wert der Gerechtigkeit bezogen[10].

Mit der Menschenrechtsbewegung wird die Beschränkung der Moral auf den inneren Bereich überwunden; die „Offensive" der Menschenrechte wird gerade aus ihrem *moralischen* Gehalt angetrieben.

---

[7] Chr. Link, Hugo Grotius als Staatsdenker, Recht und Staat in Geschichte und Gegenwart H. 512, Tübingen 1983, S. 12 ff. Es geht ihm darum, die Geltung des Naturrechts „auf einen Grund zu gründen, der allen Gutwilligen – Katholiken, Protestanten, Heiden – gemeinsamer Besitz ist, eben die Vernunft" (a.a.O. S. 13). Trotzdem bleibt er ein „Mann zwischen den Zeiten" (a.a.O. S. 31), kann er nicht bruchlos mit der späteren Aufklärung in eins gesetzt werden.

[8] E. Bloch, Naturrecht und menschliche Würde, Suhrkamp TB Wissenschaft 555 (Identisch mit Gesamtausgabe Bd. 6; Frankfurt/Main 1961), 2. Aufl. 1990, S. 66 f. *Gegen* diese „Trennungsthese" nimmt engagiert Stellung R. Alexy, Zur Verteidigung eines nichtpositivistischen Rechtsbegriffs, in: Öffentliche oder private Moral? Vom Geltungsgrunde und der Legitimität des Rechts, FS für E. D. Valdés, hrsg. von W. Krawietz und D. H. von Wright, Berlin 1992, S. 85 ff.

[9] Vgl. dazu A. Kaufmann, Zum Problem von Wertungswidersprüchen zwischen Recht und Moral, in: Kritik und Vertrauen, Festschrift für Peter Schneider, Hrsg. von E. Denninger, M. O. Hinz, P. C. Mayer-Tasch, G. Roellecke, Frankfurt/Main 1990, S. 158 ff.; Chaim Perelman, Recht, Moral und Religion, in: Theorie der Normen, FS. für O. Weinberger, Hrsg. von W. Krawietz/H. Schelsky/G. Winkler/A. Schramm, Berlin–München 1984, S. 154 ff.

[10] Vgl. dazu H. Kaufmann, FN 6, S. 78. Kaufmann verweist dort darauf, daß Recht und Moral also weder völlig voneinander geschieden werden können, noch andererseits in eins fallen. Daher komme es immer wieder zu Wertungswidersprüchen zwischen den beiden Bereichen.

Auf der anderen Seite wird zugleich der inhaltliche Gestaltungsraum des Gesetzgebers, der grundsätzlich unverzichtbar ist, beschränkt: Art. 5 der französischen Menschenrechtserklärung von 1789 bestimmt:

„Das Gesetz darf nur Handlungen verbieten, die der Gesellschaft schädlich sind".

Um diese innere Beschränkung der gesetzgeberischen Gestaltungsfreiheit geht es bei der Frage nach dem Gesetz als „richtiges Recht". Die jüngere deutsche Geschichte hat Anlaß gegeben, uns mit dieser Frage immer wieder und nachdrücklich zu beschäftigen.

Hierfür im folgenden (unten 2 und 3) einige Beispiele.

2. Lassen Sie mich zunächst drei Beispiele[11] aus der Unrechtsgesetzgebung des *nationalsozialistischen* Staates in Erinnerung rufen:

a) das Gesetz über Maßnahmen der Staatsnotwehr vom 3. 7. 1934[12], in dem lapidar stand: „Die zur Niederschlagung hoch- und landesverräterischer Angriffe am 30. 6., 1. und 2. Juli 1934 vollzogenen Maßnahmen sind als Staatsnotwehr rechtens" (Das „Gesetz" hat nur diesen einen Artikel).

b) das Gesetz zum Schutze des deutschen Blutes und der deutschen Ehre vom 15. 9. 1935[13]

In § 1 Abs. 1 werden Eheschließungen zwischen Juden und Staatsangehörigen deutschen oder artverwandten Blutes verboten. „Trotzdem geschlossene Ehen sind nichtig, auch wenn sie zur Umgehung dieses Gesetzes im Ausland geschlossen sind".

§ 2 verbietet „außerehelichen Verkehr zwischen Juden und Staatsangehörigen deutschen oder artverwandtes Blutes".

Nach § 5 Abs. 1 wird eine Zuwiderhandlung gegen das Verbot mit Zuchthaus bedroht.

Den Nazis mag es dabei um den Schutz der „Reinheit" der „arischen Rasse" und damit um die Verhinderung „gesellschaftsschädlicher" Handlungen gegangen sei; das Beispiel macht deutlich, daß ein so formaler Hinweis der Selbstbeschränkung des Gesetzgebers niemals entsprechen kann, wie sie im soeben erwähnten Art. 5 der französischen Menschenrechtserklärung von 1789 gemeint ist. Was der Gesellschaft schädlich ist, das kann weder formal noch auch inhaltlich beliebig festgelegt werden.

---

[11] Weitere Beispiele in Fülle in: Recht, Verwaltung und Justiz im Nationalsozialismus – Ausgewählte Schriften, Gesetze und Gesetzesentscheidungen von 1933 bis 1945, hrsg. und erläutert von M. Hirsch/D. Majer/J. Meinck, Bund-Verlag, Köln 1984; G. Werle, Justiz – Strafrecht und polizeiliche Verbrechensbekämpfung im Dritten Reich, Berlin/New York 1989; vgl des weiteren: Staatsrecht und Staatsrechtslehre im Dritten Reich, Hrsg. von E.-W. Böckenförde, Heidelberg 1985 (Der Band enthält Referate von Studenten, die in einem 2-semestrigen Seminar Böckenfördes gehalten wurden).

[12] RGBl I 592;

[13] RGBl I 1146

c) das Reichsbürgergesetz ebenfalls vom 15. 8. 1935[14]. Es ermächtigte in § 13 den Reichsminister des Innern, im Einvernehmen mit dem Stellvertreter des Führers die „zur Durchführung und Ergänzung des Gesetzes erforderlichen Rechts- und Verwaltungsvorschriften zu erlassen".

Den Schlußpunkt der Durchführungverordnungen bildete die 13. Verordnung zum Reichsbürgergesetz vom 1. 7. 1943[15]. Die Verordnung brachte die „gesetzliche" Anerkennung der *polizeilichen* Strafzuständigkeit für strafbare Handlungen von Juden, über die sich Himmler und Reichsjustizminister Tierack schon im Sept. 1942 geeinigt hatten[16]. Im „gesetzlichen" Judenstrafrecht waren die materiellen Strafbarkeitvoraussetzungen und das gesamte Verfahrensrecht auf die neun Worte in § 1 Abs. 1 der Rechtsverordnung zusammmengeschrumpft: „Strafbare Handlungen von Juden werden durch die Polizei geahndet".

> Zutreffend wird das so kommentiert[17]: Damit erfolgte die „völlige Herausnahme der Juden aus dem Strafrecht ohne gebietliche Begrenzung seiner Geltung; kein deutsches Strafgericht werde sich mit der Kriminalität der Juden befassen brauchen. Künftig seien die Polizeibehörden ausschließlich zuständig, was auch für laufende Verfahren gelte".

Diese und andere Beispiele haben Gustav Radbruch nach dem Kriege 1946 zu einer Revision seiner bisherigen, verkürzt als positivistisch gekennzeichneten Position gebracht. In seinem berühmten Aufsatz „Gesetzliches Unrecht und übergesetzliches Recht"[18] hat er sein Résumé aus diesen Erfahrungen gezogen. Es mündet in einen Satz, der als „Radbruchsche Formel" berühmt geworden ist:

> „Der Konflikt zwischen der Gerechtigkeit und der Rechtssicherheit dürfte dahin zu lösen sein, daß das positive Recht auch dann den Vorrang hat, wenn es inhaltlich ungerecht und unzweckmäßig ist. Es sei denn, daß der Widerspruch des positiven Gesetzes zur Gerechtigkeit ein so unerträgliches Maß erreicht, daß das Gesetz als „unrichtiges Recht" der Gerechtigkeit zu weichen hat."

---

[14] RGBl I 1146 f.; beide („Nürnberger") Gesetze wurden am gleichen Tag auf dem „Reichsparteitag der Freiheit" vom Reichstag, der ausnahmsweise am Ort des Reichsparteitags tagte, einstimmig verabschiedet (vgl. näher dazu Werle a.a.O. S. 179 ff.).

[15] RGBl I 1742.

[16] Die Verordnung bezog die eingegliederten Ostgebiete ein und setzte insoweit die „Polenstrafrechtsverordnung" außer Kraft.

[17] Von Pfundtner/Neubert, Das neue Reichsrecht, Losebl. Stand. Nov. 1944; die Reihe der DVOn sind bei Pfundtner/Neubert fortlaufend kommentiert (I a 23 im Anschluß an das Reichsbeamtengesetz).

Vgl. G. Bernanos, Die großen Friedhöfe unter dem Mond, Zürich 1983 (das Original erschien in Paris 1938), S. 114: „Ich nenne Terror jedes Regime, in dem man Bürgern den Schutz des Gesetzes entzieht, so daß für sie das Leben und der Tod nur noch vom Wohlwollen der Staatspolizei abhängen".

[18] Süddeutsche Juristenzeitung 1946, S. 105/107; vgl. auch M. Schulte, Der Rechtsstaatsgedanke bei Gustav Radbruch, JuS 1988, S. 177 ff.

Hans Kelsen, mit dessen Name der Positivismus als Rechtslehre fest verknüpft ist, hat den Konflikt bekanntlich anders gelöst: In einem „vor seinem biographischen Hintergrund nur um so bemerkenswerteren Akt persönlicher Wertungsaskese"[19] hat er an seiner These vom *beliebigen* Inhalt des Rechts unbeirrbar festgehalten und ungeachtet möglicher und auch eingetretener Mißverständnisse noch in den 60er Jahren erklärt, auch die Zwangsordnung der nationalsozialistischen Zeit sei vom Standpunkt der Rechtswissenschaft aus eine *Rechts*ordnung gewesen; die Nationalsozialisten hätten – rein rechtlich betrachtet – aus Morden tatsächlich im Wege rückwirkender Anordnung staatliche Exekutionen machen können[20].

Was auf dem ersten Blick als blanker Zynismus erscheinen mag, ist in Wirklichkeit nur die konsequente Durchführung des Programms, wissenschaftliche Beschreibung und ethische Bewertung des Rechts strikt voneinander zu trennen. Daß Kelsen die effektive Zwangsordnung als Rechtsordnung qualifiziert, sagt über deren Güte, moralische Dignität und Anerkennungswürdigkeit zunächst noch nichts aus. Ebensowenig ist mit ihrer neutralen Beschreibung ein objektiver Befolgungs- oder Gehorsamsanspruch verknüpft. Die reine Rechtslehre präsentiert das Recht als möglicherweise fehlerhaftes Menschenwerk ohne jegliche Ethisierung oder Objektivierung. Die im Positivismus angelegte Trennung von Recht und Moral sollte den Blick für schlechtes, unsittliches, ungerechtes Recht schärfen, nicht trüben. Ob der jeweiligen Ordnung Gehorsam zu leisten, oder ob gegen sie zu revoltieren ist, das überläßt Kelsen allein dem eigenverantwortlichen Werturteil des Einzelnen[21].

Erlauben Sie mir in diesem Zusammenhang – wenigstens andeutungsweise – ein paar Worte zu dem so häufig mißverstandenen und heute überraschend häufig wieder berufenen[22] Rechtspositivismus. Überraschend deswegen, weil dem unser Vertrauen in die Rechtssetzungsorgane und in die Gesetze so gar nicht entspricht.

---

[19] H. Dreier, Hans Kelsen (1881 – 1970): Jurist des Jahrhunderts? in: Deutsche Juristen jüdischer Herkunft. Hrsg. von H. Heinrichs/H. Franzki/K. Schmalz/M. Stolleis, München 1993, S. 705/722.

[20] Nachw. bei H. Dreier (Fn. 19).

[21] Das wird von Horst Dreier (FN 19, S. 722 f.) klar und eindrucksvoll dargelegt.

[22] Vgl. nur die Nachweise bei K. H. Fezer, Wider eine neopositivistische Begrifflichkeit im Recht – zur Wiederbelebung von Windscheids Begriffsjurisprudenz als liberalem Rechtsstaatsdenken im Neopositivismus, JuS 1993 S. 103 ff. (in seiner Auseinandersetzung mit Rückert); Chr. Gusy, Staatrechtlicher Positivismus, JZ 1989, S. 505 ff.; W. Heun, Der staatrechtliche Positivismus in der Weimarer Republik, Der Staat 28 (1989) S. 377 ff.; G. Robbers, Die Staatslehre der Weimarer Republik – eine Einführung, Jura 1993, S. 69 ff.

Vorab: Walter Jellinek hat 1951 auf der Jahrestagung unserer Vereinigung die bezeichnende Anregung gemacht: „Übrigens sollten wir einmal auf die Tagesordnung unserer Vereinigung die Frage setzen: Was ist Positivismus? Mit der Unterfrage: Ist die Bezeichnung Positivist eine Beleidigung?"[23].

Weshalb diese Schärfe? Dahinter steht das verbreitete Vorurteil vom Versagen des Rechtspositivismus, das Vorurteil davon, diese Methode habe den Juristenstand gegenüber der Umwandlung der Weimarer Republik in den nationalsozialistischen Staat wehrlos gemacht, weil eine positivistisch geschulte Juristengeneration den Befehlen und Gesetzen des Terrorsystems gegenüber machtlos gewesen sei[24]

– Diese Behauptung setzt aber zumindest voraus, daß der Rechts- oder Gesetzespositivismus in der entscheidenden Periode der Weimarer Zeit die unangefochten herrschende Rechtsdoktrin gewesen ist. Davon kann aber keine Rede sein. Mit großer Verspätung interessieren wir uns seit einigen Jahren für den außerordentlich lebhaften Methodenstreit in der Weimarer Zeit[25]. In der Staatsrechtslehre bildeten sich damals in enger Verbindung mit ähnlichen Strömungen in der Philosophie neue Schulen des staatsrechtlichen Denkens heraus, die dem staatsrechtlichen Positivismus, wie er besonders durch Gerhard Anschütz und Richard Thoma vertreten war, ganz anders fundierte Lehren entegensetzten; ihre Grundlage war teils naturrechtlich (Erich Kaufmann), teils geisteswissenschaftlich (Rudolf Smend, Günter Holstein), teils soziologisch-politologisch (Hermann Heller), teils machtstaatlich individualistisch-autoritär (Carl Schmitt)[26]. Einigkeit bestand eigentlich nur in der Ablehnung des Positivismus. Es ging dabei gerade um die Verabschiedung der Vorstellung von einer schrankenlosen Allmacht des Gesetzgebers, um die Frage nach einer metaphysischen Fundierung von Recht und Staat und um die Erweiterung rechtswissenschaftlichen Denkens um soziologische, politologische und philosophische Dimensionen[27].

Diese Fragen sind nach wie vor nicht wirklich gelöst. Das Recht droht vielmehr seine Konturen „zwischen ökonomischer Analyse und metaphysischer Begründung" zu verlieren[28].

---

[23] VVDStRL 10 (1952), S. 73.

[24] Überzeugend nimmt dagegen H. Dreier Stellung: Die Radbruchsche Formel – Erkenntnis oder Bekenntnis? in: Festschrift für R. Walter, hrsg. von H. Mayer, Wien 1991, S. 117/120 ff.

[25] Vgl. G. Robbers (FN 22); K. Rennert, die „geisteswissenschaftliche Richtung" in der Staatsrechtslehre in der Weimarer Republik, Untersuchungen zu Erich Kaufmann, Günter Holstein und Rudolf Smend, Berlin 1987.

[26] Vgl. dazu H. Dreier, (FN 24), S. 123

[27] H. Dreier, a.a.O. S. 124

[28] So das Thema des Einleitungsvortrags auf dem Deutschen Juristentag 1994, den Bernd Rüthers halten wird.

– Innerhalb des Positivismus setzt die These von seinem Versagen voraus, daß die Normenordnung des Nationalsozialismus unzweideutig bin-
dend gewesen wäre und den Richter gleich einer bouche de la loi zu blin-
dem, willenlosem Gehorsam verpflichtet hätte.

Aber auch daran fehlte es in jeder Hinsicht. Charakteristisch für das „völ-
kische Rechtsdenken" waren vielmehr die Generalklausel und der unbestimmte Rechtsbegriff; mit vorangestellten Zweckbestimmungen konnten
bis dahin eindeutig rechtsstaatliche Gesetze umgebogen werden. Darüber
wurde inzwischen eingehend berichtet[29]. Die Richter selbst wurden aus-
drücklich dazu aufgefordert, ihre weltanschauliche Neutralität aufzugeben
und sich in ihrer täglichen Arbeit vom Programm der NSDAP und vom
Führerwillen leiten zu lassen[30].

Das alles hat mit Rechtspositivismus sicherlich nichts zu tun.

3. Die zweite Gruppe historischer Fälle ist der früheren DDR entnommen. Mit ihrer Liquidation[31] sind Fälle gesetzlichen und richterlichen Han-
delns in das Licht der rechtsstaatlichen Beurteilung getreten, die jetzt an diesen Maßstäben gemessen werden. Anhand dieser Fälle wird die alte Frage
nach dem Verhältnis von Recht und Gesetz neu aufgegriffen. Allerdings
kreist die Diskussion nach meiner Beurteilung mit bemerkenswerter Rück-
wärtswendung um die Aufarbeitung historischer Fälle, so als ob in unserer
eigenen Ordnung dieses Problem endgültig gelöst wäre (dazu unten II. 1).

a) In *Art. 17 des Einigungsvertrags* bekräftigen die Vertragsparteien ihre
Absicht, unverzüglich eine gesetzliche Grundlage dafür zu schaffen, daß
alle Personen *rehabilitiert* werden, die Opfer einer rechtsstaats- und ver-
fassungswidrigen gerichtlichen Entscheidung geworden sind".

So ehrenwert die Absicht auch war, so groß mußte von vornherein die
Skepsis sein, war es der Bundesrepublik Deutschland doch bis heute nur
unvollständig gelungen, das im Dritten Reich geschehene Unrecht wieder
gutzumachen[32];

---

[29] Nach wie vor klassisch: B. Rüthers, (FN 2); F. Börner, Die Bedeutung der Generalklausel für die Umgestalltung der Rechtsordnung in der nationalsozialistischen Zeit,
Europäische Hochschulschriften Bd. 828, Frankfurt–Bern–New York–Paris, 1989.

[30] H. Dreier, (FN 24), S. 126.

[31] Folge der Beitrittsentscheidung der Volkskammer vom 23. 8. 1990 mit Wirkung
zum 3. 10. 1990 war der Untergang der DDR als Völkerrechtssubjekt; staatrechtlich bestand sie als Gliedstaat der Bundesrepublik Deutschland weiter bis ihre eigenen bundes-
staatlichen Untergliederungen entstanden; das war nach dem Ländereinführungsgesetz
vom 22. 7. 1990 (GBl I 955) erst „mit Wirkung zum 14. 10. 1990" (§ 1) der Fall (Vgl. zum
ganzen J. Isensee, Zeitschrift für Parlamentsfragen 1990 S. 309/316; K. Stern – B. Schmidt-
Bleibtreu, Einigungsvertrag und Wahlvertrag, München 1990, S. 21 u. 28.

[32] Vgl. nur aus neuerer Zeit neben der Enteignungsdiskussion etwa die Frage der Entschädigung für die Zwangsarbeit (vgl. B. Heß, JZ 1993, S. 606 ff.) In der Nachkriegszeit
haben die Länder die Urteile des Volksgerichtshof zwar aufgehoben; doch ist der

Erlassen ist inzwischen das erste Unrechtsbereinigungsgesetz[33], das die Rehabilitierung der Opfer politischer Strafverfolgung in der DDR bewirken soll. Schwieriger gestaltete sich bereits das zweite Unrechtsbereinigungsgesetz, mit dem demjenigen Personenkreis Genungtuung verschafft werden sollte, der Opfer staatlicher Willkür wurde, indem ihm aus politischen Gründen etwa Eigentum entzogen oder sonst berufliche Nachteile zugefügt wurden. In der öffentlichen Anhörung zu dem umstrittenen Entwurf sagte der Abgeordnete Eylmann[34], er sei sich bewußt, daß eine „Wiedergutmachung" erlittenen Unrechts mit juristischen Mitteln kaum zu erreichen sei.

Darüber hinaus lag von vornherein die Gefahr nicht fern, daß durch die Übergangs- und Anpassungsmaßnahmen sogar neues Unrecht zugefügt würde[35]

b) Am deutlichsten[36] hat sich die Problematik „Gesetz als unrichtiges Recht" vielleicht im Falle der gesetzlichen Regelung des Schußwaffenge-

---

Bundesgerichtshof lange „stillschweigend" davon ausgegangen, daß der Volksgerichtshof ein Gericht gewesen sei (vgl. die Diskussion am 14. 3. im Deutschen Bundestag, Beratung eines Antrags der SPD-Fraktion: BTDS 10/116); das (gem. § 2 und 3 nur in Hamburg, Niedersachsen, Nordrhein–Westfalen, Schleswig–Holstein und Berlin anwendbare) Gesetz zur Beseitigung national-sozialistischer Unrechtsurteile vom 25. 5. 1990 (BGBl I, 966) ermöglicht im § 1 auf Antrag des Verurteilten oder eines Angehörigen oder der Staatsanwaltschaft, Urteile in Strafsachen aufzuheben, die zwischen dem 30. 1. 1933 und dem 8. 5. 19945 ergangen sind, und denen Taten zugrundeliegen, „die überwiegend aus Gegnerschaft zum Nationalsozialismus oder um sich oder andere der Verfolgung durch den Nationalsozialismus zu entziehen begangen worden sind oder die allein nach nationalsozialistischer Auffassung strafbar waren"); noch 1993 ist die SPD-Fraktion dafür eingetreten, daß alle Verurteilungen während der nationalsozialistischen Gewaltherrschaft wegen der Tatbestände „Desertion/Fahnenflucht" „Wehrkraftzersetzung" und „Wehrdienstverweigerung" von Anfang an als Unrecht qualifiziert werden (vgl. den Antrag BTDS 12/6220). Interessant auch B. Just-Dahlmann, H. Just, Die Gehilfen. NS-Verbrechen und die Justiz nach 1945, Frankfurt/Main 1988;

[33] Von 1992

[34] Vgl. FAZ vom 30. 9. 1993, Heftige Kritik am Rehabilitierungsgesetz

[35] vgl. die Beispiele des Entschädigungsgesetzes Ost (vgl. dazu W. Leisner, Degressive Ersatzleistungen? Ansätze zu einer „Sozialisierung" von Entschädigung und Schadensersatz, NJW 1993, S. 353 ff.) oder der Rentenumstellung (vgl. D. Merten, Verfassungsprobleme der Versorgungsüberleitung – zur Erstreckung westdeutschen Rentenversicherungsrechts auf die neuen Länder, Berlin, 1993) Merten legt dort überzeugend dar (S. 25 ff.), daß der Wunsch nach Vergangenheitsbewältigung zu einer der Verfassung des Grundgesetzes widersprechenden Kollektiv- und Gruppenverantwortlichkeit geführt hat. Mit Recht schreibt m. E. Libbert in einem Leserbrief in der FAZ (Nr. 129) vom 15. 12. 1993 S. 8): „Es ist für einen Menschen mit Gerechtigkeitssinn unvorstellbar", daß auch ein Kreis integrer Personen „mit dem Überschreiten der Altersgrenze aus der Position eines Universitätsprofessors so tief abstürzen soll", obgleich er in den 40 Jahren SED-Regime „seine Würde bewahrt und hohe fachliche Leistungen erzielt" hat.

[36] An weiteren Beispielen fehlt es nicht: Zu erinnern ist an die jüngsten Rechtsbeugungsprozesse sowie an die Frage der Stafbarkeit nachrichtendienstlicher Tätigkeit für die DDR.

brauchs an der Grenze gezeigt. Sie entstand erst durch das Grenzgesetz der DDR vom 25. 3. 1982[37]. Nach § 27 Abs. 2 GrenzG war die „Anwendung von Schußwaffen gerechtfertigt, um die unmittelbar bevorstehende Ausführung oder die Fortsetzung einer Straftat zu verhindern, die sich den Umständen nach als ein Verbrechen darstellt" oder um eine Person zu ergreifen, „die eines Verbrechens dringend verdächtig ist". Nach dem Strafgesetzbuch der DDR war der „ungesetzliche Grenzübertritt" (so § 213 StGB-DDR) nur in schweren Fällen als Verbrechen einzustufen (§ 213 Abs. 3 StGB-DDR). Die dort aufgeführten Regelbeispiele (ein schwerer Fall liegt insbesondere dann vor, wenn erstens...., zweitens., drittens....) waren jedoch so weit gefaßt, daß sich ein Fluchtversuch angesichts der Perfektion der Grenzsicherungsanlagen praktisch immer als Verbrechen darstellen mußte.

Als „gefährliche Mittel und Methoden" (§ 213 Abs. 3 Nr. 2 StGB-DDR) wurden etwa schon solche angesehen, „denen die Gefahr von Grenzzwischenfällen im besonderen Maße innewohnt oder die geeignet sind, die für die Sicherung der Staatsgrenze eingesetzten Kräfte zu desorientieren und Sicherungsmaßnahmen unwirksam zu machen".

Eine besondere Intensität der Tatbegehung (Nr. 3) lag schon dann vor, wenn die Tat mit einem „erheblichen physischen Aufwand erfolgte".

Trotz gewisser Einschränkungen in Richtung auf die Verhältnismäßigkeit in § 27 Abs. 1 und 5 GrenzG ist wohl davon auszugehen, daß die Bestimmungen des Grenzgesetzes ebenso wie die früher geltenden Dienstanweisungen nach der in der DDR herrschenden Rechtsauffassung in Extremfällen auch die Abgabe tödlich wirkender Schüsse zu rechtfertigen vermochten[38].

So war jedenfalls die gängige Staatspraxis, der der BGH „wegen offensichtlichen, unerträglichen Verstosses gegen elementare Gebote der Gerechtigkeit und gegen die Menschenrechte" keine Wirksamkeit zuerkannte[39].

Vgl. ferner R. Wassermann, Zur Anwendung der sogenannten Radbruchschen Formel auf Unrechtsurteile der DDR-Justiz, NJW 1992, S. 878 ff.; Maiwald, Rechtsbeugung in SED-Staat, NJW 1993, S. 1885 ff.; J. Limbach, Vergangenheitsbewältigung durch die Justiz DtZ 1993, S. 66 ff.

[37] sehr eingehend dazu J. Polakiewicz, Verfassungs- und völkerrechtliche Aspekte der strafrechtlichen Ahndung des Schußwaffeneinsatzes an der innerdeutschen Grenze, EuGRZ 1992 S. 177 ff.

[38] Vgl. J. Arnold, M. Kühl, Probleme der Stafbarkeit von „Mauerschützen", JuS 1992, S. 991/994 r. Sp. (allerdings bedürfe die Frage nach der Rechtfertigung nach positivem Recht der DDR einer sorgfältigen Prüfung und sei einer pauschalen Antwort nicht zugänglich).

Vgl. auch Knut Amelung, Strafbarkeit von „Mauerschützen", JuS 1993, S. 637 ff.

[39] Urteil vom 3. 11. 1992 (erstes Mauerschützenurteil), vollständig abgedruckt in EuGRZ 1993, S. 37 und NJW 1993, S. 141 f. Absch. C II.

Der Bundesgerichtshof hat bekanntlich in den beiden Mauerschützen-prozessen[40] rückblickend festgestellt, daß es jedenfalls möglich gewesen sei, „die genannte Vorschrift des GrenzG mit Rücksicht auf den Verhältnis-mäßigkeitsgrundsatz und den Vorrang des Lebenschutzes dahin auszule-gen, daß das Schießen auf Grenzverletzer mit unbedingtem oder bedingtem Tötungsvorsatz unverhältnismäßig und deshalb unzulässig" war. Nach *dieser* Auslegung des DDR-Rechts habe sich ein Grenzsoldat dann nicht auf einen Rechtfertigungsgrund berufen können.

Dieser Argumentation ist in der Literatur bekanntlich widersprochen worden.

Ich will das hier nicht vertiefen, neige aber persönlich auch dazu, daß die Versagung der Rechtfertigung im Wege einer nachträglichen Auslegung des Gesetzes, wenn auch nach DDR-Grundsätzen[41], der Realität jedenfalls nicht aller Mauerschützen gerecht wird[42].

Mit diesen wenigen Andeutungen soll hier das Thema „Gesetz als un-richtiges Recht" keineswegs abschließend, oder auch nur vertieft behandelt werden. Sie sollen lediglich belegen, daß uns die Geschichte der DDR wei-tere Anwendungsfälle für das Problem des unrichtigen Rechts geliefert hat[43]. Zugleich wird aber deutlich, daß die Beurteilung hier wesentlich schwieriger ist als bei den eingangs zitierten Fällen des NS-Staates.

„Die verschiedenen Systemwechsel und Brüche in der deutschen Rechtsgeschichte dieses Jahrhunderts sind von unterschiedlicher (Un-)Rechtsqualität"[44].

Davon geht zutreffend auch der BGH in seinem ersten Mauerschüt-zenurteil aus, wenn er sagt: Die Übertragung der Radbruchschen Formel zur Kennzeichnung schwerster Rechtsverletzungen auf den vorliegenden Fall sei „nicht einfach", weil die Tötung von Menschen an der innerdeut-schen Grenze nicht mit dem nationalsozialistischen Massenmord gleichge-setzt werden kann. Gleichwohl bleibt die damals gewonnene Einsicht gül-

---

[40] Zweites Mauerschützenurteil NJW 1993, S. 1932 ff.

[41] So fragwürdig eine solche nachträgliche Anwendung der Grundsätze einer anderen Rechtsordnung auch ist.

[42] so auch K. Adomeit, Die Mauerschützenprozesse – rechtsphilosophisch, NJW 1993, S. 2914 ff.; H. Roggemann, Zur Strafbarkeit der Mauerschützen, DtZ 1993, S. 10/17 f.
Im Ergebnis befriedigt mich daher auch nicht ganz die dogmatisch interessante Kritik von J. Hruschka (JZ 1992, S. 565 ff.) an einem einschlägigen Urteil des LG Berlin vom 20. 1. 1992 .

[43] St. Heitmann, Justizpraktische und justizpolitische Probleme der Deutschen Ein-heit – eine Zwischenbilanz für den Freistaat Sachsen, NJW 1992, S. 2177 ff.

[44] So zutreffend H. Roggemann (FN 42) S. 12; vgl. im übrigen dazu B. Rüthers, Ideo-logie und Recht im Systemwechsel – Zur Ideologieanfälligkeit geistiger Berufe, München 1992.

tig, daß bei der Beurteilung von Taten, die in staatlichem Auftrag begangen worden sind, darauf zu achten ist, ob der Staat die äußerste Grenze überschritten hat, die ihm nach allgemeiner Überzeugung in jedem Lande gezogen ist"[45].

Der BGH hat es sich hier etwas leicht gemacht, weil er von einer Verletzung des *internationalen* Paktes über bürgerliche und politische Rechte durch die DDR ausging, den diese zwar abgeschlossen, allerdings *nicht* in innerstaatliches Recht transformiert hatte.

II. Wenden wir uns der *Gegenwart* zu und werfen einen Blick auf die Situation in der Bundesrepublik.

Sieben Thesen oder Grundpositionen möchte ich Ihnen vorlegen.

1. Auch dem Rechtsstaat des Grundgesetzes ist die Gefahr von Gesetzen ohne Rechtsgehalt und damit „unrichtigen Rechts" immanent[46]!

Wer die Möglichkeit des Atypischen hinter dem rechtsstaatlichen Normalfall, die Gefahr des Unfalls im Normalbetrieb nicht sieht oder sehen will, gefährdet das ganze System. *Das* wenigstens sollte uns die jüngste Vergangenheit gelehrt haben. Wenn mir in der Diskussion entgegengehalten wurde, daß ein Gesetz unter der Ordnung des Grundgesetzes mit seinem Erlaß die Vermutung der Rechtmäßigkeit für sich hat, so ist das richtig, solange die Vermutung nicht als eine unwiderlegliche verstanden und die ständige Gefahr der Grenzüberschreitung im Blick behalten wird. Die Grenzen sind nicht so trennscharf; schließlich haben auch Unrechtsregime durchaus praktikable, „ordentliche" Gesetze gemacht – neben Akten der Willkür in Gesetzesform.

---

[45] Zum Weg von einer mehr oder weniger großen Räuberbande zum Staat sowie – umgekehrt – von einem Reich zurück zu einer großen Räuberbande vgl. sehr illustrativ K. Adomeit, Antike Denker über den Staat, Heidelberg–Hamburg, UTB 1136, 1982, S. 169 ff. (belegt mit Zitaten aus Augustinus, vom Gottesstaat, DTB von W. Thieme, 2. Bände, München 1978 (dtv))

[46] Das wird nicht immer so klar gesehen wie von R. Zuck, Politische Sekundärtugenden: über die Kunst Pakete zu schnüren, NJW 1994, S. 497/498: „Ich habe immer den Standpunkt vertreten, daß das Recht wenig eigene Abwehrkräfte gegen Mißbrauch enthält, wenn sich nur alle Beteiligten einig sind. Daß die Aushöhlung des Rechts nicht ein Werk der Parteien ist, sondern unter dem Beifall aller geschieht, zeigen die Vorbereitungen zur Wahl des Bundespräsidenten." Noch deutlicher H. Senfft (in seiner Besprechung des Buches von H. Ortner, Der Hinrichter – Roland Freisler – Mörder im Dienst Hitlers, Wien 1993, in: Die Zeit Nr. 50 vom 10. 12. 1993 S. 80): „Es ist dringend nötig, immer wieder an die Nazizeit zu erinnern und laut zu sagen, wie hauchdünn die Grenze zwischen Legalität und Verbrechen ist und daß die, die sie auf erstes Anfordern überschreiten, lauter pflichtbewußte, ordentliche Mittelständler sind. Ein solcher war auch Roland Freisler." Beispiele für dieses Phänomen finden sich aus der Zeit des spanischen Bürgerkriegs auf der idyllischen Insel Mallorca bei G. Bernanos (FN 17), S. 96 f., 112 f.

Auf die Frage, wie bei einem Auseinanderfallen von Recht und Gesetz zu reagieren sei, wird man zunächst völlig zurecht darauf verwiesen, daß unser rechtsstaatliches Instrumentarium eine Fülle von Möglichkeiten vorsieht, die ein solches Auseinanderfallen eigentlich ausschließen oder sogleich korrigieren sollten. Die Frage ist nur – reichen sie aus? funktionieren sie aureichend?

Rufen wir uns kurz in Erinnerung:

– Der Beamte, der ein Gesetz für rechtswidrig hält und deswegen nicht vollziehen will, sieht sich von den Beamtengesetzen auf ein Remonstrationsverfahren verwiesen, an dessen Ende die Verpflichtung steht, auch rechtswidrige Gesetze zu vollziehen, es sei denn, es würde sich um ein Verstoß gegen geltendes Strafrecht handeln[47]. Wieder einmal sorgt hier das Europäische Gemeinschaftsrecht für Verwirrung – denn dort wird die Kompetenz des Verwaltungsbeamten diskutiert, eine rechtswidrige Norm des Gemeinschaftsrechts zu verwerfen[48]

– Der Bürger, der Gesetze für Unrecht und damit für rechtswidrig hält, kann die Gerichte anrufen, wenn und soweit seine Rechte betroffen sind. Ihren Spruch hat er hinzunehmen. Das verlange der Rechtsfriede, den der Rechtsstaat auch gewährt[49] und den man selbst in Normalzeiten keineswegs gering schätzen sollte.

– Der Richter, der von der Rechtswidrigkeit eines Gesetzes überzeugt ist oder überzeugt wird, kann bzw. muß das Bundesverfassungsgericht (Art. 100 GG) oder den Europäischen Gerichtshof (Art. 177 EGV) anrufen. Ihrem Spruch hat er zu folgen. Das für verfassungskonform erklärte Gesetz muß er anwenden – oder sein Amt niederlegen. So fordere es die Unterwerfung des Richters unter das Gesetz.

Im *Normalfall* mag dieses System dazu ausreichen, ein zu weites Auseinanderfallen von Recht und Gesetz zu verhindern, weil der Richter ein verfassungswidriges Gesetz vorlegen und das Bundesverfassungsgericht dieses Gesetz nicht passieren lassen wird. Doch schon der „Normalfall" verdient ein Fragezeichen: Der Weg über die Richtervorlage verspricht wenigstens noch Befassung und Entscheidung aus Karlsruhe. Bei der Verfassungsbeschwerde sieht es schon ganz anders aus – notgedrungen. Das Gericht wählt letztlich aus der Flut der Eingaben diejenigen Verfahren aus, zu

---

[47] Vgl. z. B. § 38 Abs. 2 BRRG

[48] Vgl. Th. Jamrath, Normenkontrolle der Verwaltung und Europäisches Gemeinschaftsrecht, Schriften zur Europäischen Integration hrsg. von K. Schelter, R. S. Schulz-Verlag 1993.

[49] Das ist auch bei der „Aufarbeitung" der DDR-Vergangenheit zu berücksichtigen: vgl. R. Schröder, Lasst verjähren, was verjährt – die Bewältigung der DDR-Vergangenheit muß ihre Grenze an einer Gerechtigkeit finden, die Frieden schaffen soll, FAZ Nr. 202 vom 1. 9. 1993, S. 30.

denen es sich äußern will. Die Annahmequote ist verschwindend gering. Wie soll das Gericht auch unter den gegenwärtigen Bedingungen Garant für die Rechtmäßigkeit einer Gesetzgebung sein können, die Gesetze in immer größerer Zahl, in immer größerem Tempo erläßt? Nur im Einzelfall – und auch dann nur mit der geschilderten geringen Erfolgsquote – kann ein Gesetz vor das Verfassungsgericht gebracht werden.

Hinzu kommt, daß die Autorität auch dieses Verfassungsorgan nicht mehr ungeschwächt ist. Von vornherein hatte das Bundesverfassungsgericht eine prekäre Stellung mit seiner Befugnis zum letzten Wort auch gegenüber dem Gesetzgeber. Um so lebenswichtiger war und ist, daß die Bestellung der Mitglieder des Bundesverfassungsgerichts über jeden Zweifel erhaben ist. Davon kann man jedenfalls nach den jüngeren Erfahrungen aber kaum mehr sprechen.

Jeder Staat braucht Autoritäten. Das ist eine Binsenweisheit. In der Demokratie ist es v. a. die Autorität der Ämter, nicht die der Personen. Soll ich die Ämter aufzählen deren Autorität in Zweifel gezogen oder angeschlagen ist, um den Niedergang der Autorität im Lande zu belegen?

Wenn schon der „Normalfall" so aussieht, dann steigt die Chance für das Untypische, für den „Unfall", daß nämlich Unrecht in Gesetzesform „durchschlüpft". Das ist ärgerlich *zunächst* nur für die jeweiligen engen Kreise von Spezialisten, unschädlich noch für das Ganze. Aber immerhin: Wir machen uns mit der Möglichkeit, ja nahezu Unausweichlichkeit unrichtigen Rechts vertraut – und versichern doch zugleich wider besseres Wissen, wir hätten ein wirksames System, um das zu verhindern.

Das Problem „Gesetz als unrichtiges Recht" stellt sich also nicht nur rückblickend in sog. Unrechtssystemen; es stellt sich als Daueraufgabe auch im Rechtsstaat.

2. *Verschärft* wird dieses Grundproblem jeder Gesetzgebung durch die falsche Auffassung, das Recht „komplexer Gesellschaften" werde notwendig volksfremd[50], die Unsicherheit dem Bürger gegenüber dem Recht sei eine unvermeidbare Gegebenheit in hochdifferenzierten sozialen und politischen Systemen; sie könne nicht beseitigt werden, sondern müsse als Faktum in den Vermittlungsprozeß der Juristen gegenüber den Bürgern einbezogen, erläutert und erträglich gemacht werden.

Ich halte das für grundfalsch.

Mir ist es nur schwer verständlich, warum die Vorstellung vom „volksnahen Recht" sich v. a. in den Programmen der sozialdemokratischen Parteien findet. Das Ziel mag utopisch sein; muß man es dann aber gleich ganz aufgeben? Was bleibt von unserer Demokratie, wenn das Volk gerade bei

---

[50] B. Rüthers, Das Ungerechte an der Gerechtigkeit – Defizite eines Begriffs, Zürich Edition Interfrom, Osnabrück 1991, S. 60.

der Frage nach dem, was Recht im Staate sein soll, nicht mehr als mündig angesehen wird?

Wenn die nahezu allgemeine Auffassung in der Literatur einen Sachzwang zur Spezialisierung und Komplizierung der Gesetzgebung vertritt, so muß sie sich auch darüber im klaren sein, daß von einem bestimmten Punkte an Übersteuerung stets Steuerungs*un*fähigkeit bewirkt. Längst gibt es deutliche Anzeichen dafür, daß wir diesen Punkt inzwischen erreicht haben. Für den Fortbestand des Rechtsstaats sollte dies die allerhöchste Alarmstufe bedeuten!

1981 wurde auf der Staatsrechtslehrertagung warnend darauf verwiesen, daß „Teile der Bevölkerung und auch Teile der Verwaltung ein Auswahlprinzip walten lassen, dahingehend, welche Gesetze sie als für sich verbindlich ansehen, welche Gesetze erzwungen, welche befolgt werden sollen und welche nicht[51]". Der Redner fuhr fort: „Ich möchte hier nichts weiter tun, als dieses Thema in unser Bewußtsein zu rufen und zu sagen, daß die Staatsrechtslehrer nicht länger an dieser soziologischen Realität vorbeigehen können. Sie müssen sich überlegen, was daraus folgt, wenn der Rechtsstaat nicht allmählich wieder ein Staat des Rechts der Stärkeren werden soll."

Viel ist seither nicht geschehen. Eher ist ein weiterer Autoritätsverfall des Gesetzes auszumachen. Wer würde heute unseren Parlamenten mit gutem Gewissen den „Beruf zur Gesetzgebung" zuerkennen? Statt dessen ist mit der „Gesetzgebungslehre"[52], die gesicherte Ergebnisse vor allem aber bei der Darstellung der Mängel der Gesetzgebung erzielt hat, nicht in der Frage, wie diesen Mängeln abgeholfen werden könnte, nur eine neue Disziplin der Rechtswissenschaft entstanden. Fragen der Gesetzgebungstechnik stehen im Vordergrund. Auch das ist bezeichnend.

Mit geringem Erfolg hat sich die Vereinigung der deutschen Staatsrechtslehrer[53] der Gesetzesgestaltung und Gesetzesanwendung im Leistungsrecht angenommen. Roman Herzog, der Präsident des Bundesverfassungsgerichts, hat in einem Interview im Herbst 1993[54] gesagt: „Der

---

[51] von Simson VVDStRL 40, S. 102

[52] Vgl. aus der inzwischen schon umfangreichen Literatur z. B. R. Bender, Gesetzgebungslehre – ein neuer Zweig der Rechtswissenschaft? Zeitschrift für Rechtspolitik 1976, S. 132 ff.; J. Kölble, Zum Stand des Gesetzgebungstheorie, Die Verwaltung Bd. 18 (1985), S. 339 ff.; U. Karpen, zum gegenwärtigen Stand der Gesetzgebungslehre in der Bundesrepublik Deutschland, Zeitschrift für Gesetzgebung (ZG) Bd. 1, (1986), S. 5 ff.; Th. Mayer-Maly, Gesetzesflut und Gesetzesqualität heute, in: Festschrift zum 125 jährigen Bestehen der Juristischen Gesellschaft zu Berlin, 1994, S. 423 ff.; H. Hill, Einführung in die Gesetzgebungslehre, Jura 1986, S. 57 ff. sowie das Lehrbuch von H. Schneider, Gesetzgebung – ein Lehrbuch, 2. Aufl. Heidelberg 1991.

[53] Auf ihrer Tübinger Tagung am 7. 10. 1988

[54] Focus 48/1993, S. 26

Grenznutzen, den einen neue Vorschrift bringt, ist meist gleich null." Was sollte man dem noch hinzufügen?

Soll es dann wundernehmen, wenn das Gesetz als Regelungsinstrument zunehmend durch andere, rechtsstaatlich zum Teil bedenkliche Formen des Staatshandelns ersetzt wird – durch agreements, Selbstbeschränkungsabkommen, Appelle, Warnungen bzw. durch die zunehmende Verlagerung der Rechtsetzung auf außerstaatliche Organe wie Normausschüsse[55]. Das alles sind Beispiele aus relativ neuen Kapiteln in den Lehrbüchern des Verwaltungsrechts.

Dessen ungeachtet fahren Politiker und Parlamente fort, bei den Wählern die Illusion zu wecken oder aufrechtzuerhalten, bereits der Erlaß eines neuen Gesetzes löse ein Problem.

3. Für den *einzelnen Bürger* ist das Problem „richtiges" oder „unrichtiges" Recht von lediglich sekundärer Bedeutung – für die Rechtskultur eines *Volkes* kommt ihm dagegen zentrale Bedeutung zu. Warum der Unterschied?

Fällt ein ungerechtes und daher eigentlich nicht wirksames Gesetz durch die Maschen des Rechtsstaates, so bleibt es für den Bürger verbindlich; es wird im Alltag durchgesetzt – wie „richtiges" Recht. Dem Bürger bleibt lediglich die Möglichkeit, Unrecht auch weiterhin Unrecht zu nennen – praktische Konsequenzen kann er daraus nicht ziehen. Eine Anklage wegen Rechtsbeugung oder ähnliche Sanktionen scheiden von vornherein aus.

Was im Rechtsstaat aber bleibt, ist die Möglichkeit, mit vielfältiger Unterstützung durch Sachverstand und Medien unabhängig vom Einzelfall auf die Ungerechtigkeit und Unrichtigkeit einer Regelung hinzuweisen. Hier erweist sich die Rechtskultur eines Volkes je nachdem, ob es offen für einen solchen Diskurs ist oder nicht.

Hier liegt ein Unterschied zum Unrechtsstaat, in dem die öffentliche Diskussion, die öffentliche Kritik am Gerechtigkeitsgehalt von Gesetzen in dieser Form nicht möglich ist. Gerade deshalb stellt sich die Frage, ob es wirklich sinnvoll ist, im Nachhinein (nach dem Zusammenbruch des jeweiligen Systems) Gesetze und andere staatliche „Rechtshandlungen", die von der Mehrheit der Bevölkerung befolgt sowie von den Gerichten und sonstigen Rechtsanwendungsorganen umgesetzt wurden, als „horrend ungerecht", als „in unerträglichem Maße der Gerechtigkeit widersprechend" zu bezeichnen und sie nachträglich als „Nichtrecht" zu behandeln. Spricht nicht viel für die Vermutung, es handle sich hier um den „untauglichen Versuch einer juristischen ‚damnatio memoriae', welche die Unpersonen und

---

[55] Auch hierzu gibt es eine reiche Literatur. Vgl. hier nur W. Brohm, Alternative Steuerungsmöglichkeiten als „bessere" Gesetzgebung? in: H. Hill, (Hg.) Zustand und Perspektiven der Gesetzgebung, Berlin 1989, S. 217 ff.

damit ihre Untaten von der Tafel der Geschichte wischt und daurch Raum schafft für einen neuen positiven Mythos"[56]?

4. Gesetze müssen im sozialen Rechtsstaat – wie das in der Radbruchschen Formel zum Ausdruck kommt – einen Mindestgehalt an Gerechtigkeit aufweisen.

Das Bundesverfassungsgericht hat zu Art. 116 Abs. 2 GG in einem Falle der Aberkennung der Staatsangehörigkeit im Dritten Reich zutreffend ausgeführt: Die Verfasser des Grundgesetzes gingen bei der Abfassung dieser Verfassungsbestimmung von der Überzeugung aus, daß der durch Akte des nationalsozialistischen Staates aus rassenideologischen Gründen angeordnete Entzug der deutschen Staatsangehörigkeit krasses Unrecht darstelle. ... Geltungsanordnungen, sollen sie als Recht gelten, erlangen diese Qualität nicht lediglich dadurch, daß sie von der staatlichen Macht im jeweils dafür vorgesehenen Verfahren gesetzt sind, sondern dadurch, daß sie darüber hinaus inhaltlich nicht fundamentalen Prinzipien der Idee der Gerechtigkeit widersprechen dürfen[57]".

Das war auch der übereinstimmende Tenor aller drei Redner auf der 40. Tagung unserer Vereinigung 1981 in Trier[58], die der Gesetzgebung im Rechtsstaat gewidmet war.

Damit ist der Streit entschieden, der in der sog. Grundwertediskussion der späten 70er Jahren geführt wurde, ob und inwieweit der liberale Verfassungsstaat selbst Hüter von Grundwerten sei. Zwei Thesen standen sich bekanntlich gegenüber[59]:

– die staatliche These, wonach der Staat selbst originäre Verantwortung für den Schutz der Grundwerte trage, die ihm im Sittengesetz wie in der Verfassung vorgegeben sind[60];

– auf der anderen Seite die „gesellschaftlichc" Antithese, nach der der weltanschaulich neutrale Staat kein eigenes Ethos habe. Seine Aufgabe liege vielmehr darin, den Individuen und den sozialen Gruppierungen die Grundrechte zu gewährleisten. Den gesellschaftlichen Kräften komme es ausschließlich zu, Grundwerte anzuerkennen und mit Leben zu füllen.

Mit der Entscheidung für eine originäre Verantwortung des Staates für die Garantie von Grundwerten ist eine Rückkehr zur Rechtstheorie des Positivismus eigentlich nicht mehr möglich.

---

[56] H. Dreier, FN 24, S. 133; ebenso W. Becker, Recht oder Rache? Über die Grenzen des Rechtsstaats in der Abrechnung mit der DDR-Vergangenheit, in: FS für Valdés (FN 8) S. 17 ff.

[57] BVerfGE 54, S. 53/67 f.

[58] K. Eichenberger, R. Novak, M. Kloepfer VVDStRL 40, S. 7 ff, 40 ff. und 63 ff.

[59] vgl. dazu sehr klar J. Isensee, Verfassungsgarantie, ethische Grundwerte und gesellschaftlicher Konsens, NJW 1977, S. 545/546.

[60] so heute sehr pointiert B. Rüters, FN 50, S. 27 f.

Für sie fehlen auch sonst nahezu alle Voraussetzungen:
- Unbestimmte Rechtsbegriffe und Wertungen, die eine Ausfüllung durch den Richter brauchen, sind heute für den Gesetzgeber unverzichtbar.
- Vor allem aber ist der Rechtspositivismus – das haben wir gesehen – nur dann erträglich, wenn seine Wertblindheit aufgewogen wird durch eine Rechtsphilosophie, die konkrete Antworten darauf geben kann, wie das richtige, das gerechte Recht sein soll. Nur dann führt der Rechtspositivismus – wie Kelsen in seinem zitierten Aufsatz schreibt – nicht zu einer „Euthanasie der Rechtsphilosophie", sondern zu einer Arbeitsteilung zwischen der allgemeinen Rechtslehre und der Rechtsphilosophie. „Die allgemeine Rechtslehre hat das positive Recht ohne jede Bewertung desselben zu beschreiben, so wie es ist, nicht so wie es sein sollte. Diese Frage ist vielmehr an die Rechtsphilosophie gestellt, die damit eine Funktion der Rechtspolitik ausübt und die, weil sie sehr verschiedene Gerechtigkeitsideale kennt, dabei zu sehr verschiedenen Ergebnissen kommen kann"[61].

Ich gehöre nicht zu dem kleinen Kreis der „Wissenden", den es natürlich gibt[62], aber ich befürchte, die Bestandsaufnahme ist nicht sehr ermutigend. Stehen in der Rechtsphilosophie nicht die Lehren von der *Geltung* des Rechts weit im Vordergrund vor inhaltlichen Aussagen darüber, wie „richtiges" Recht auszusehen habe[63]?

Innerhalb der Geltungstheorien werden in neuerer Zeit fast ausschließlich Konsensustheorien und Anerkennungstheorien vertreten, wobei nicht einmal auf den wirklichen inhaltlichen Konsens, sondern auf die Konsens*fähigkeit* der Regelung abgestellt wird[64].

Der Gesetzgeber handelt nicht mehr, um einen inhaltlichen Konsens umzusetzen; er muß handeln, weil ethische Sätze nicht mehr intersubjektivierbar sind[65]; dieser Verlust an Intersubjektivität ethischer Normen ist die letzte Konsequenz einer Ethik, die viel zu formal, viel zu allgemein kategorisiert und damit den Einfluß auf konkrete Handlungssituationen verliert, vergleichbar dem Schicksal der Naturrechtslehren, denen „sekundä-

---

[61] H. Kelsen, a.a.O. S. 469

[62] Auch wenn B. Rüthers (FN 50 S. 15) das bestreitet.

[63] W. Fikentscher (Methoden des Rechts in vergleichender Darstellung, Bd. IV, Tübingen 1977, S. 644 ff.) umschreibt noch die Aufgabe der Rechtsphilosophie, „Kriterien der Gerechtigkeit" aufzufinden und zu entwickeln und beschreibt die Lösungsversuche der neueren Rechtsphilosophie etwa ab der Jahrhundertwende.

[64] A. Kaufmann, (FN 6), S. 77; ders., Rechtsphilosophie, in: A. Kaufmann, Über Gerechtigkeit – 30 Kapitel Praxis orientierter Rechtsphilosophie, Köln – Berlin – München 1993, S. 1 ff.

[65] Für diese Ausgangsposition des Gesetzgebers gibt es viel praktische Belege; ich nenne hier nur die Reformvorhaben bei der Pflegeversicherung und die Bemühungen um die Gesundheitsreform.

res" Naturrecht zunehmend unterschoben wurden, um ihnen auf diese Weise eine gewisse Realitätsnähe zurückzubringen, die das über den Köpfen schwebende „primäre" Naturrecht verloren hatte.

Mit der Notwendigkeit eines „ethischen Minimums" rechtsstaatlicher Gesetze ist freilich die Frage noch nicht beantwortet, wie dieses Minimum zu definieren ist, woher es abgeleitet werden kann.

5. Die Verpflichtung des Gesetzgebers zu wenigstens minimaler inhaltlicher Teilhabe an der Gerechtigkeitsidee muß im Rahmen unserer Verfassungsordnung eingelöst werden.

Die Radbruchsche Formel formuliert nur die Aufgabe, sie löst sie nicht. Darauf hat Jutta Limbach kürzlich mit Recht verwiesen[66]. Zwar ist es richtig, daß sich das rechtsstaatliche Gesetz nur legitimiert, insoweit es Teil hat an der Gerechtigkeitsidee. Doch die Frage lautet gerade, wie diese Anforderung materialer Gerechtigkeit inhaltlich fixiert werden kann und woher sie abzuleiten ist.

Viel zu salopp formuliert Bernd Rüthers[67], wenn er schreibt: „Die Rechtsordnung setzt eine Wertordnung notwendig voraus. Das Recht beruht auf vor– und außerrechtlichen Wertmaßstäben und -entscheidungen. Die für die Rechtsordnung maßgeblichen Wertorientierungen können aus verschiedenen Quellen stammen: Ethos, Philosophie, Weltanschauung, Religion."

In der Tat wird eine Fülle von mehr oder weniger überzeugenden Gerechtigkeitstheorien vertreten, so daß der Gesetzgeber eine Vielfalt konkurrierender Gerechtigkeitsvorstellungen vorfindet, vergleichbar den konkurrierenden und einander zum Teil auch widersprechenden Naturrechtsvorstellungen, die unmittelbar nach dem Kriege heftig diskutiert wurden. Vor allem die Arbeiten von John Rawls haben in Deutschland ein beachtliches Echo gefunden. In seinem Hauptwerk „A Theorie of Justice" (1971) hat er noch versucht, eine umfassende Gerechtigkeitstheorie zu entwickeln, die objektiv gültige Verteilungsregeln für Rechte, Pflichten und Güter formuliert und allgemeingültige Grundsätze für die Gestaltung der zentralen gesellschaftlichen und politischen Institutionen bereitstellt. Im Grunde ist sein System auf die staatsphilosophische Vertragstheorie zurückzuführen, nach der freiheitseinschränkende Maßnahmen dann und soweit gerecht sind, wie sie als Ergebnis einer vertraglichen Einigung der Betroffenen unter fairen Bedingungen *gedacht* werden können. Doch Rawls ist von diesem anspruchsvollen universalistischen Theorieprogramm mittlerweile längst abgerückt und vertritt inzwischen viel eingeschränktere Konzeptionen.

---

[66] zutreffend J. Limbach, Vergangenheitsbewältigung durch die Justiz, DtZ 1993, S. 66/68

[67] B. Rüthers, (FN 50) S. 27

Die höchst unterschiedlichen Wertorientierungen im Volke wie bei seinen Repräsentanten oder in der Wissenschaft gehen aber gerade nicht unmittelbar in die Rechtsordnung ein. Sie konkurrieren auch *nicht* ohne weiteres als *Rechts*werte miteinander; vielmehr bedarf es dazu erst eines Umsetzungsprozesses, der diese Wertorientierungen in die Rechtsordnung hineinnimmt und allein oder in ihrer Konkurrenz schützt.

Dieser Umsetzungsprozeß geschieht zunächst in der Verfassunggebung und – eine Stufe darunter – auf der Ebene der Konkretisierung der Verfassungsentscheidung, in der Gesetzgebung. Demgemäß macht das Grundgesetz nicht eine bestimmte Philosophie oder Religion verbindlich, sondern es schützt (in Art. 5 Abs. 3 GG) den Prozeß des Philosophierens und (in Art. 4 Abs. 1 in Verbindung mit 140 GG) jedwede religiöse Überzeugung und ihre Betätigung. Mit einem solchen Schutz anerkennt die Verfassung die staatliche Schutzwürdigkeit einer solchen Betätigung und ihre Bedeutung für das Staatswesen. Die jeweiligen philosophischen Richtungen und religiösen Wertentscheidungen weden damit nicht unmittelbar verbindlich gemacht. Der Gesetzgeber kann und darf also nicht einfach auf eine dieser Gerechtgkeitslehren festgelegt werden. Maßstab für seine Gerechtigkeitsentscheidungen ist allein unsere Verfassungsordnung. Das ist inzwischen klar gesagt und näher ausgeführt worden[68]

Daher ist es auf der anderen Seite viel zu wenig, wenn etwa der Bundesgerichtshof ein Gesetz erst dann als unwirksam ansieht, wenn es die „allen Völkern gemeinsamen, auf den Wert und die Würde des Menschen bezogenen Rechtsüberzeugungen verletzt"[69].

6. Innerhalb unserer Verfassungsordnung hat vor allem die *Grundrechtsordnung* die Verwirklichung materieller Gerechtigkeit zum Ziel[70]. Die Grundrechte geben in Verbindung mit der Menschenwürdegarantie und dem Sozialstaatsprinzip abschließend darüber Aufschluß, was das Grundgesetz unter materieller Gerechtigkeit versteht.

Das steht spätestens seit der grundlegenden numerus-clausus-Entscheidung des Bundesverfassungsgerichts[71] fest. Danach hat in den Grundrechtsvorschriften der Verfassung eine *objektive* Wertordnung ihren Niederschlag gefungen, die eine prinzipielle Verstärkung der Geltungskraft der Grundrechte bewirkt und die als verfassungsrechtliche Grundentscheidung

---

[68] Vgl. dazu Ph. Kunig, Das Rechtsstaatprinzip. Überlegung zu seiner Bedeutung für das Verfassungsrecht der Bundesrepublik Deutschland, Tübingen: 1986, S. 335.

[69] Vgl. K. Amelung, Strafbarkeit von „Mauerschützen", NJW 1993, S. 140; ähnlich auch der 5. Senat des BGH im ersten Mauerschützenurteil (FN 39)

[70] Ph. Kunig (FN 68) S. 333, 339 ff., 350 ff., 362 ff.

[71] Bd. 35, S. 79/114 ff.

auf alle Bereiche des Rechts ausstrahlt[72]. Auch dort, wo der Gesetzgeber – wie im Bereich der gewährenden Staatstätigkeit – größere Gestaltungsfreiheit besitzt, schränken die besonderen Wertentscheidungen des Grundgesetzes diese Freiheit ein, indem sie z.B. Unterscheidungen verbieten, die dem in der Wertentscheidung ausgedrückten Willen des Verfassunggebers zuwiderlaufen würden, einen bestimmten Lebensbereich (etwa in Art. 6 Abs. 1 Ehe und Familie) seinen besonderen Schutz angedeihen zu lassen.

Damit hat das Gericht *nicht* seine frühere Wert- Rechtsprechung fortgeführt[73], die mit Recht kritisiert wurde, weil sie einen hohen Grad an Unsicherheit in die Rechtsordnung gebracht hatte, die durch den notwendigerweise permanenten Streit über den Rang unterschiedlicher Werte noch verstärkt wurde[74].

Das Gericht hat inzwischen seine Entscheidungen vom Pathos der Wertordnung befreit, wenn es von „objektiv-rechtlicher Wertentscheidung", von „objektiver" „oder von wertgebundener Ordnung", von „verfassungsrechtlicher Grundentscheidung", von „objektivierten Prinzipien" oder ganz einfach von der „wertsetzenden Bedeutung der Grundrechte" spricht.

Während in der Literatur – aus Gründen der Rechtssicherheit– vereinzelt eine objektive Rechtswirkung sog. „wertscheidender Grundsatznormen" kritisch gesehen wird, handhabt das Bundesverfassungsgericht diese Doppelwirkung der Grundrechte kontinuierlich – durchwegs auch mit großer Akzeptanz in der Öffentlichkeit und in der Staatsrechtslehre. Es leitet zudem mit der gebotenen juristischen Behutsamkeit aus den Grundrechten als Grundsatznormen konkrete Pflichten des Staates ab[75], die organisatorischen und die verfahrensrechtlichen, die finanziellen und die sozialen Voraussetzungen der Freiheitsrechte zu sichern und, soweit erforderlich, herzustellen.

---

[72] Vgl. näher H. Dreier, Dimension der Grundrechte – von der Wertordnungsjudikatur zu den objektiv-rechtlichen Grundrechtsgehalten (H. 23 der Schriftenreihe der Juristischen Studiengesellschaft Hannover) 1993; J. Isensee, Rechtsgutachten zur Rechtmäßigkeit des Gesetzes über die Auflösung der Akademie der Wissenschaften zu Berlin, Jahrbuch der Akademie der Wissenschaften zu Berlin 1990 bis 1992, S. 158 ff.

[73] vgl. H. Dreier, FN 72, S. 22.

[74] daher sind mir Charakterisierungen von Verfassungsentscheidungen (etwa für den Wert des Lebens oder der Religionsfreiheit) als „Höchstwerte" der Verfassung von vornherein suspekt.
Zur Kritik an der früheren Rechtssprechung des Bundesverfassungsgerichts vgl. grundlegend E. Friesenhahn, Verhandlungen des 50. Deutschen Juristentags 1974, S. G 36 ff.; K. Stern, Wider eine „ideologische" Deutung der Grundrechte, in: Institut der deutschen Wirtschaft (Hrsg.), Wirtschaftliche Entwicklungslinien und gesellschaftlicher Wandel, Köln 1983, S. 61 ff.

[75] Vgl. dazu in aller wünschenswerten Klarheit J. Isensee, (FN 72), S. 183.

Eine besondere Bedeutung kommt in diesem Rahmen naturgemäß dem Art. 3 GG zu, dem Gleichheitssatz. Lang ist die Geschichte der Versuche der inhaltlichen Konkretisierung, was unter Gerechtigkeitsgesichtspunkten materiell als gleich, was als ungleich zu behandeln sei[76]. Mit der Reduktion des Gleichheitsgebots in der Rechtsprechung auf ein blosses Willkürverbot sind diese Versuche im Ergebnis gescheitert.

7. Nicht die Entscheidung zwischen einander widerstreitenden Werten, sondern eher ihr gegenseitiger Ausgleich, die Abwägung zwischen ihnen, die Lösung von Kollisionslagen ist Aufgabe des Gesetzes und seiner Anwendung.

Die Effektivierung der Grundrechte und ihre Anwendung im Einzelfall verlangen vom Gesetzgeber wie auch von der Rechtsprechung in immer stärkerem Maße Abwägungen, deren Ergebnis schwer vorhergesagt werden kann.

So kritisch diese Ungewissheit durchaus gesehen werden kann, so garantiert sie immerhin, daß der grundrechtlich geschützte Freiheitsraum eines Bürgers nicht ganz unberücksichtigt bleibt. Daß die widerstreitenden Grundrechtsträger Einschränkungen in ihren Rechtspositionen hinnehmen müssen, ist die leider zwingende Konsequenz eines heute notwendigerweise sehr engen Zusammenlebens.

Der Schutz der Grundrechte und das Gebot, kollidierende Rechte gegeneinander auszugleichen bedeuten zugleich eine Absage an eine Theorie der „Machbarkeit", nach der im Staate alles und jedes durchgesetzt werden könne; die Notwendigkeit der Abwägung fördert die Formulierung subjektiver Gerechtigkeitsvorstellungen, die in Konkurrenz zueinander treten und verhindert damit ein Abstellen auf die bloße objektive Brauchbarkeit einer Regelung. Damit ist schon viel gewonnen.

Geht man von diesen Prinzipien aus an die Gesetzgebungspraxis heran, dann wird deutlich, daß sie durchaus in der Lage sind, rechtstaatliche Antworten auf rechtspolitische Fragestellungen zu formulieren[77], etwa:

– auf die Frage, inwieweit es mit dem Verfassungsgebot, das menschliche Leben zu schützen, vereinbar ist, bei der industriellen Nutzung der Kernenergie ein sog. „Restrisiko" in Kauf zu nehmen

– oder auf die Frage, ob wir in der Biotechnologie alles dürfen, was wir können[78]? Es ist sicher *nicht* mehr in Übereinstimmung mit der Verfas-

---

[76] Vgl. die Nachweise dazu bei Ph. Kunig (FN 68).

[77] Vgl. beispielhaft etwa J. Isensee, Kunstfreiheit im Streit mit Persönlichkeitschutz, Archiv für Presserecht, 1993, S. 619 ff.

[78] D. Giesen, Biotechnologie, Verantwortung und Achtung vor dem menschlichen Leben, in: Festschrift für P. Mikat, hrsg. von D. Schwab, Berlin 1989, S. 55 ff. (56); R. Scholz, Instrumentale Beherrschung der Biotechnologie durch die Rechtsordnung, Bitburger Gespräche, Jahrbuch 1986/1, S. 59 ff.

sung, wenn man in einem Kommentar zum Gentechnikrecht liest: „Alles hat seinen Preis; auch den Nutzen der Gentechnik gibt es nicht zum Nulltarif"[79]. Oder: „Angesichts des stets umkämpften Standes der wissenschaftlichen Erkenntnis kann der Bewertungsmaßstab dafür, wieviel von welcher Wissenschaft eine Gesellschaft akzeptiert, nicht aus wissenschaftsinternen Kriterien folgen. Statt dessen gilt der Primat der Politik: Restrisiken und Grenzwerte sind bei der Gentechnik, wie anderswo, soziale Konstruktionen. Was akzeptabel, was sozial adäquat ist, unterliegt einem gesellschaftlichen Wertungs- und Dezisionsprozeß. Die auf dem politischen, demokratischen Weg ermittelte Sozialadäquanz führt dabei zugleich zu einer dezisionistischen Vergesellschaftung von Verantwortung und Schaden"[80].

Ganz so einfach ist es sicherlich nicht!

– Ebenfalls nicht in Übereinstimmung mit dem Grundgesetz stünde es, wenn tatsächlich zuträfe, was in der Literatur behauptet wird – daß die Abtreibung als rechtsethisches Problem von der Rechtswissenschaft kaum wahrgenommen werde. Immerhin hat das Bundesverfassungsgericht den Gesetzgeber zu einer rechtlichen Bewertung erst zwingen müssen. Es hat zudem mit Recht darauf verwiesen, daß die Bewertung des Schwangerschaftsabbruchs als rechtswidrig notwendig aus dem grundrechtlichen Lebenschutz folgt. Daß dies kein nur theoretisches Problem ist, sondern erhebliche Auswirkungen auf die Rechtsordnung im übrigen hat, wird ohne weiteres deutlich, wenn man an die Stichworte „Abtreibung auf Krankenschein" oder „Rechtsanspruch aus Art. 12 GG (Berufsfreiheit) zum Betreiben einer privaten Abtreibungspraxis"[81] denkt.

In all diesen Fällen wird das „Prinzip Verantwortung"[82] wirksam ergänzt von den Wertentscheidungen, die den Grundrechten entnommen werden können.

Weitere Versuche, die Gestaltungsbefugnis des Gesetzgebers unter dem Grundgesetz einzuordnen sind allerdings gescheitert.

---

[79] Gentechnikrecht. Gentechnikgesetz, Verordnungen, EG-Richtlinien, Formulare mit amtlichen Begründungen und Kommentar. Wolfram Eberbach/Peter Lange (Hrsg.). Heidelberg, C .F. Müller: 1993, S. 7 RN 31.

[80] vgl. FN 79, S. 7 RN 31.

[81] Vgl. dazu meine Anmerkung zum Urteil des BaWü VGH vom 30. 01. 85; Az.: 9 S 1189 u. 2549/84, (Rechtsanspruch niedergelassener Frauenärzte auf Vornahme indizierter Schwangerschaftsabbrüche?) MedRecht 1985, S. 214–217.

[82] auf das in der Literatur von Giesen (FN 78) mit Recht verwiesen wird.

28

Ich fasse zusammen:

1. Das Thema „Gesetz als „unrichtiges Recht" stellt sich nicht nur im Rückblick bei einem politischen Systemwechsel. Es stellt sich vielmehr auch in verfassungsrechtlichen Normallagen. Die Gefahr, *un*richtiges Recht zu normieren, ist jeder Gesetzgebung immanent.

2. Gesetze müssen im Rechtsstaat einen Mindestgehalt an Gerechtigkeit haben, mögen die Schwierigkeiten noch so groß sein, diesen Midestgehalt zu bestimmen. Bereits die Diskussion dieser immerwährenden Frage hat einen positiven Einfluß auf die Rechtskultur eines Volkes.

3. Der Mindestgehalt an Gerechtigkeit ist nicht aus unterschiedlichen Weltanschauungen zu gewinnen, sondern aus der Verfassungsordnung dieses Staates, konkreter: aus den Grundrechten in Verbindung mit der Garantie der Würde jedes Menschen und einer sozial ausgewogenen, zumindest jedoch erträglichen Ordnung.

4. Damit ist Sicherheit im Einzelfall nicht gewährleistet. Die erforderliche Argumentation ähnelt der Naturrechtsdiskussion nach dem Kriege, allerdings mit zwei wesentlichen Unterschieden:

– Sie wird begrenzt durch die geltende Verfassungsordnung; sie spielt sich also ab *innerhalb* der Verfassung und nicht außerhalb oder oberhalb derselben.

– Sie ist *nicht* angelegt auf *eine allein wahre* Lehre oder auf die prinzipielle und generelle Über- und Unterordnung von Verfassungswerten, sondern auf ihren Ausgleich untereinander.

Im einzelnen ist dies ein schwieriger Prozeß. Es wäre jetzt an der Zeit, nach allgemeinen, hoffentlich nicht *zu* allgemeinen Vorbemerkungen – ein Beispiel für die Anwendung zu geben. Daß die Zeit hier nicht mehr dafür reicht, ist ausnahmsweise weniger bedeutsam, kann ich Sie doch auf eine vorzügliche Studie von Josef Isensee verweisen[83], der in concreto vielleicht deutlicher gemacht hat, was ich hier sagen wollte. Doch wie so oft, so ist es auch hier wichtiger, sich des Problems bewußt zu sein, als eindeutige Lösungen parat zu haben, die ohnedies je eindeutiger sie sind, desto kürzere Zeit nur Bestand haben werden. Die Frage, was im konkreten Fall Recht sein soll, ist nicht für alle Zeiten abschließend zu beantworten.

---

[83] Kunstfreiheit im Streit mit Persönlichkeitsschutz, Archiv für Presserecht 1993, S. 619 ff.

www.ingramcontent.com/pod-product-compliance
Lightning Source LLC
Chambersburg PA
CBHW050652190326
41458CB00008B/2531